SUEÑOS DE PRIMAVERA EN UNA TARDE DE OTOÑO

Maribel González

Ibukku es una editorial de autopublicación. El contenido de esta obra es responsabilidad del autor y no refleja necesariamente las opiniones de la casa editora.
SUEÑOS DE PRIMAVERA EN UNA TARDE DE OTOÑO
Publicado por Ibukku
www.ibukku.com
Diseño y maquetación: Índigo Estudio Gráfico
Copyright © 2018 Maribel González
Dibujo para ilustración de portada: Miriam de Anda
ISBN Paperback: 978-1-64086-297-5
ISBN eBook: 978-1-64086-298-2
Library of Congress Control Number: 2018967793

ÍNDICE

A mis hijos: Tania, Fernanda y Jorge.,
Quienes han sido el impulso que
da movimiento a mis pies.
Fuente creadora de amor y orgullo.

A mi nieta Helie: Cuya fortaleza y tenacidad para
luchar por la vida me ha llenado de luz, paz y esperanza.

A mí madre: Que no solo me dió la vida,
sino que ha sido mi brazo derecho,
consuelo en mis tribulaciones.
Mi compañera de vida.

I

Sintetizaste mi vida en un solo objetivo:
La búsqueda de ti desde muy temprana edad, una constante
en mi vida, hasta que acepté y entendí que tu abandono
y ausencia emocional me marcaron profundamente, sin
duda, influyendo en mis desiciones y por ende en mi
destino. Tuve que reconciliarme con un hecho que no puedo
cambiar. Aceptándolo, renuncié a mi búsqueda y comencé a
encontrarme a mí misma y desarrollar mis fortalezas. De tu
abandono se desprende una nostalgia que me obligó a escribir,
a descargar mis emociones a través de la poesía y el cuento.
El perdón me regaló el alivio. La aceptación, la redención.

Maribel González

A mi padre

Anciano ya y con paso lento
a contar tus memorias ya no alcanzas
sin estallar violento,
triste realidad pero es muy cierto.

A tus hijos en tu vejez te has acercado
a esperar la tan temida muerte que no llega,
para ser juzgado porque la vida para ti, como un regalo,
aún espera y te espera paciente.

Bendito anciano que con cansado y lento paso
cargas en tu espalda el costal de la avaricia
al pie de la sepultura, las monedas en tu mente ultrajas,
una a una, como una maldición, causando tu tortura.

¿Quién soy yo para juzgarte si fuiste errático, infiel, indomable
o valiente?
eres mi padre, eso es todo
aunque no pueda erigirse en tu nombre un estandarte.

Te lo digo, que siendo tu hija también soy padre
y en esta batalla por los hijos a muerte
se les ama con integridad, valentía y orgullo;
mis desorbitados ojos no logran entenderte….
si doblaste tu sangre para construir soldados
o lo hiciste intencional para servirte.

Anciano triste que en tus pies arrastras
la pesada cadena de tus desvaríos,
de tus mujeres en la cama;
mientras la bendita mujer que lleva tu apellido
supo darte hijos, amor, lágrimas y calma;
te construyó un hogar y no lo valoraste,
pudo más tu orgullo y así lo despreciaste.

De ti no supe mucho y menos hoy sé nada,
te buscaba en mi niñez porque te necesitaba,
pero tu ausencia, como un lejano lucero,
en mi cielo oscuro brillabas,
en mis cruentas batallas nunca te encontraba.

A tus ausencias se sumó una deuda larga y ajena,
que al vencimiento en los hombros de tus hijos
ha sido cargada, sin mirar tu obra doblas la esquina,
emprendes, una vez más , la retirada.

Si me diste caricias, no recuerdo nada,
si levantaste tu mano fue para lastimarme,
si dijiste mi nombre fue para juzgarme;
de los golpes de la vida saque la valentía
porque el valor tú no me lo enseñaste,
he pagado caro los errores de tu pasado,
tú los cometiste ¡a mí me los cobraron!

Te busqué en los hombres a quienes yo amaba
pero tu rostro nunca lo encontraba,
tu cadena de indiferencia siempre me arrastraba,
a tu lazo de dolor siempre me amarraba.

Por eso en mi mente no puedo reconstruirte,
al dolor de tu ausencia yo me doblegada,
sin tu consejo a ciegas me equivocaba,
en mi vida no pude inmiscuirte
porque tu dedo acusador siempre me apuntaba.

Te perdono padre, sin amor no somos nada;
sé de amor porque lo aprendí con Dios
de la mano de mi madre, inmaculada,
cuyo dulce corazón y tierna bravía
los hijos caídos siempre levantaba.

Hombres sin alma

No pretendo ser enemiga de los hombres,
me gustan sus abrazos, el brillo en sus ojos
pero no comprendo bien
de que están hechos sus corazones.

En sus brazos me he perdido,
en dulce y tenue sensación,
en su regazo he llorado
así como hundido en el fuego de su pasión.

He deseado ver en su pecho latir el corazón;
miran con tal pasión,
como si lo profundo de su mirada
transformara las palabras
en frases de amor.

Palabras inútiles que dicen sin miramiento,
lanzándolas con suspiro lento,
dando énfasis a su aliento,
pareciera que tienen algún sentimiento.

No tengo más palabras para estos varones
con fama de ladrones de amor;
hombres sin alma que me han roto y robado el corazón.

Mi partida

¿Por qué lloras por mi, ingrato,
será que ahora te duele mi mirada
puesta en otros horizontes?

Nunca descubriste la tristeza de mi alma,
no abrazaste la soledad
a la que tu indiferencia me condenaba.

Moviéndome en tu vida como una sombra,
lánguida y callada,
intentando atrapar en mis silencios
una fuente de amor que ya estaba agotada.

Hoy te duele mi ausencia,
gritas y reclamas mi presencia,
cuando antes te molestaba.

Fui la joven que desnuda durmió en tu cama,
mientras tu orgullo mi virginidad arrancaba;
me convertiste en mujer,
de sensualidad bañaste mi piel
y el corazón me arrancabas.

Fui tu esposa para bien, como tal te cuide,
no solo mi inocencia te entregue, te di mi nostálgico ser,
mis sueños alocados, y mis esperanzas fortuitas
que tú convertías en pecados.

Feliz y agradecida, mi vientre orgullosa presumía,
en él crecía la semilla que tu sangre postergaría.

Fui feliz a tu lado mientras tu humor estaba tranquilo
y calmado…, una vez que estallaban celos y enojos
el mismo demonio se revelaba en tus ojos.

Te deje porque a tu enferma lujuria
yo era la esposa sucia e infiel,
a mis espaldas liberabas al monstruo que dentro guardabas,
con cualquiera me traicionabas.

No me fui sola, ¡no señor! me fui acompañada,
la estrella que bajamos, por ti también abandonada,
camina a mi lado, celebrando ésta bella epifanía.

Desde aquel momento el mundo se ha hecho corto,
mi amor por ti se apagó; tú gritas en mi ventana mi nombre,
yo con mi niña al lado me siento cada día más bendita.

Alas de libertad

Estaba la mujer de la vida cansada,
permanentemente encerrada
en su mundo de depresión.

La inquieta esperanza vagaba en su vida ya cansada de tanta
desolación.

Por más que ella imploraba al Cristo en su cabecera
un poco de compasión.

Silente él la miraba mientras ella pensaba que la misma cruz
cargaba.

Pareciera, en verdad,
que en su silencio por ella también el Cristo oraba.

¡Un día le salieron alas! con ellas al infinito voló,
¡su libertad por fin alcanzó!

No he perdido la fe

El cuerpo ya no alcanza despojarse de su belleza y ser
descubierta en alma tan plena de pureza.

Me sigo desvaneciendo como hoja en el viento,
esperando en un desierto la gota que traiga vida.

Entregada a la desesperanza, muerta en el rincón del miedo,
sigo con un espasmo de vida que apenas me da consuelo.

¿Será que dios me abandono?
¿Qué me ha dado la espalda con su indiferencia? no ha
muerto la fe, en él ella descansa.

Por esa fe me levanté de esta cama desierta.
por los hijos que me prestó para ser fuente de vida y riqueza.

Distancia

Ya no sé decir palabras,
el tiempo ha borrado mi memoria, muerta estoy y aún respiro.

Con mi mano trémula quiero alcanzarte, te vas de mi,
la distancia se hace larga, los silencios eternos, el tiempo
inclemente,
las noches a tu lado han muerto,
no me miras, no te siento.

Mis pesados días en soledad arrastro, mudos, como dos
extraños nos cruzamos,
tú con tus corajes insensatos, yo con mis silencios.

El hastío te envolvió, la arrogancia te venció, mi despertar fue
cruel, el puñal profundo;
más la desesperanza nunca será mi amiga, los guerreros
luchan, los cobardes huyen.

No me quedo vacía, ni vencida, la derrota es para los débiles,
los infames traidores,
la libertad es un lujo que no todos podemos disfrutar.

Deja decirlo

No entendía por qué en mis oscuras noches, noches de
silencio amargo, yo lloraba.

Hasta que comprendí que no eras tú, era yo y el amor que
lento escapaba.
Deja decirlo claro, yo no sé mentir, de amarte no me
arrepiento.

Mi amor fue un regalo hermoso,
de mi alma para ti,
no supiste conservarlo, fuiste tan pequeño como hombre, yo
mucha mujer para ti.

Explosión de emociones

Mi vida es una explosión
de soledades infinitas,
mi alma yace en un letargo de silencios; mis emociones huyen
en desbandada
siguiendo un destino incierto, como río revuelto, destruyendo
en su paso todo,
en busca de su cauce.

Historia borrada

Quise escribir un poema para honrar el amor que por ti sentí,
no se me ocurrió nada, mi mente en blanco estaba.

Busqué en mis recuerdos,
escarbé en mi memoria, no encontré nada para contar esta
historia.

Recuerdo que un día te ame, ese amor a tí me hincaba,
no recuerdo ya tu nombre,
me sentí cada vez más frustrada.

Si hubo una historia y la borre
es porque no inspiraste nada, derrotada me doblegue, pronto
entendí que solo pena dabas.

Como solo lástima sentí
por aquel que divaga en la nada, no pude escribir para una
historia borrada.

Hoy hace frío

Hoy hace frío y en el alma
la escarcha de mis memorias me congela el corazón.

Hoy hace frío en este invierno
que llevo dentro, he sabido de alegrías pero también penas
siento.

Hoy hace frío, cobíjame el alma, pido por dentro,
más miro alrededor y a solas me miento.

Maribel González

Paternidad perdida

Tú presumiendo de nobleza
cuando en tu sangre no corre
ni siquiera el mestizaje.

Querías ver tu linaje, la promesa de tu sangre,
para que al mismo tiempo,
como animal, inconsciente abandonaste.

Las palabras sobran para juzgar y describirte,
el padre que con frío a sus hijos abandona
no merece ni tenerlos, ni llamarse hombre.

Contigo entendí que yo sí se amar
con calma y entereza,
me da tristeza que no lo supiste valorar.

En tus manos puse al hijo que da brío,
fuerza y nobleza cuando se le sabe amar,
en sus ojos regala el brillo, no la oscuridad

La distancia y tu indiferencia
un día te habrán de juzgar,
si eres hombre, no lo supiste demostrar,
padre no fuiste y el tiempo te sabrá cobrar.

De nada sirve un apellido
cuando se supone lo aprendido
viene de quien con orgullo lo lleva a cuestas,
ni ejemplo ni nombre supiste enseñar.

Si no hubiera caminos

Si ya no hubiera en la vida más caminos,
mi tristeza se rendiría a mis pesares, si no hubiese sueños en
mi destino,
segura estoy caería ante mis penares.

Espero siempre la mano piadosa del amigo,
la voz consoladora del hermano, el abrazo dulce de mi madre,
el respeto y rectitud del hijo amado.

No puedo ordenarle a este silencio interno
que calle lo que siente, hacerlo sería como matar, sin piedad,
mi propio ser, mi sentimiento, mi simiente.

Tengo que gritarle al viento
si dolor, amor o alegría siento, callarlo sería como matar al
moribundo,
sabiendo es sentenciado,
es por mi mano, sin piedad, apuñalado.

Voy

Voy a bajarme la luna
porque la luna del cielo merezco,
voy a robarle el silencio a la vida,
a su nostalgia pertenezco.

Voy a robar del viento el susurro
para cubrir mi cuerpo con su fresco velo,
al tiempo su compás en calma
para sentir en mi andar su dulce celo.

Voy a quitar a la inspiración su tristeza
y hacerle un nido en mi pecho,
para escribir un día un poema triste
que diga con certeza lo que mi alma siente.

A la mar le voy a quitar su bravía descontrolada,
que ahuyenta al viajero más osado,
quitarle también su serenidad traviesa
que hace suspirar al hombre,
escribir al poeta con su quietud pausada.

Voy a robar de las flores el aroma,
rociarlo todo en mi piel desnuda,
al caminar en la hojarasca,
con la naturaleza me confunda toda.

Son tantas cosas las que robar
de la naturaleza anhelo; lo que he quitado a los hombres es
tan poco,
humanos recogiendo sus mentiras,
hundidos en vanidades ciegas,
hombres de papel viviendo de su pobreza.

Si voy a quitar el brillo a las estrellas,
alumbrará un poco mi esperanza,
si le robo un soplo al viento,
con él mi pecho suspirará con fuerza.

Voy a robar, no me juzgues por ello,
pues siento a veces que a mi entereza le falta sin duda la fuerza
de un abrazo fuerte y sincero.

Robarle al viento, al miedo, a la pulcritud de la verdad su
aliento.
voy a robar, si puedo
las cosas maravillosas de la naturaleza.

Porque el hombre es un suspiro de tristeza,
un desengaño profundo, no mide en sus mentiras el daño
causado a su frágil princesa.

Voy a robar lo que no tengo,
lo que el dinero no compra
y los hombres desconocen.

Voy a robar tristeza, anhelos,
sueños, vida, dolor y esperanza
a los animales, océano y la tierra, una vez con los valores en
mis manos
caminaré descalza abrazada de mi sombra.

Barco de papel

Tengo un barco de papel,
en el voy atravesar el océano,
buscaré un nuevo horizonte,
dejaré en tierra lo que me ha hecho daño.

Llevaré conmigo mi consciencia para que en su benevolencia
me indique el camino
que me lleve, finalmente, a mi destino.

Cargar también mi experiencia, las piedras con que he
tropezado las arrojaré pausada para no caer en los errores que
mi alma han quebrantado.

Sufriré sin duda aún más desengaños pero los enfrentaré estoica,
sobreponiendo el daño, avanzando lento en mi horizonte
inmenso

Las lágrimas derramadas en una copa cristalina
las beberé lento, saboreando el desengaño, el sufrimiento.

Hacer de mi llanto diáfano
el río que desemboque en la tierra prometida,
con mi barco de papel
y mis emociones a un costado.

Poesía

La Poesía es la palabras que existe
cuando el corazón está triste, la facultad de robar al tiempo su
retórica memoria.

El colorido de la naturaleza ilustrado en gran proeza,
llenando el vacío con prosa,
vaciando el sentimiento en verso.

Si no fuese por éste extraño albedrío
que me hace describir la tristeza como gotas nostálgicas de mi
historia derramadas en mis notas con franqueza.

Si no fuese la poesía el escape de mi tristeza,
viviría con miedo, me abrazaría a la muerte, quiero y puedo
liberarme intensa,
de mi escritura hacer la morada
que me protege de mi propia llamarada.

II

Quise jugar a ser fuerte y me tropecé con mis debilidades.
Quise jugar el juego de la vida y probé su jugo amargo y
sinsabores violentos..Quise pelear esta guerra y aprendí cuan
difícil es la victoria y sus posibilidades.
Quise escalar una montaña enorme, majestuosa e imponente
y aprendí en la escalada que resbalarse, caer y descender eran
golpes implacables e inevitables.
Quise caminar por un camino recto e inevitablemente me
desvíe.

Quise creer en un sueño y me hundí en su profundo encanto,
al despertar la cruel realidad
golpeó con descaro mi rostro: no basta con soñar
Hay que albergar en el alma la verdad.

Quise aprender a ser madre: amorosa, tierna, entregada. Dar
en mi tarea el todo por el todo y comprobé con tristeza que
amar sin limites ni reservas no es suficiente, hay que poner a
los hijos en manos de un ser superior para que no cedan a los
desvaríos y presiones de una juventud desorientada.
Quise tantas cosas, espere tanto, busque tocar tan pocas almas
al final entendí que todo lo que queda es vivir sin represiones,
sobreponiéndose al desaliento.

Te di

Te di mis manos para que de ellas te sostuvieras,
mis fuerzas para que de ellas arrojo sacaras, mi pan para que te
alimentaras, mi experiencia para que tus alas despegaras.

Te di mi fe para que de ella el universo tocaras,
mi corazón para que en él habitaras, mi religión para que de
ella te protegieras
te di mi abrigo para que te arroparas.

Te di mi fuente de agua para que tu sed saciaras,
mi respeto para que caminaras,
confianza para que de ella te albergaras,
te di mi vida, mi esperanza, mi nido y mi ser

Si te vas

Si tú te vas, amor mío, ¿quién abrazará en la noches mi cuerpo
desnudo?
¿Quién me sostendrá en sus brazos cuando mi fé decaiga, el
miedo y la angustia invadan mi alma?

¿Quién confortará mi espíritu con una mirada? ¿en dónde
encontraré los brazos
que calman el frío en mis inviernos
y sostienen mis caídas en mis devenires?
¿en dónde encontraré la fuente
que con sus tibias aguas mi sed saciaba?

Si tú te vas, amor mío,
¿quién apagará el silencio, quién llenará tu ausencia?
¿quién cerrará con un beso mis ojos tristes y recogerá su
humedad en un beso tierno?

¿Quién con su mirada dulce me regalara un "te amo"
mientras sus labios trémulos recogen las palabras que salen del
corazón con fresco aroma
depositando en los míos el fuego de un amor desesperado?

¿Quién? -dime- ¿quién llenará mis días?
¿A quién esperaré en mis noches en una alcoba vacía,
mirando una guitarra abandonada en espera silente
que tus manos la busquen, que tus dedos trémulos
la rasguen con pasión inmaculada?

Si tú te vas, amor mío
dejarás detrás un panorama sombrío: mi alma hundida en
el dolor de tu ausencia, la muerte inevitable de un amor que
me ennoblece, dolor, desolación y muerte quedará detrás
solamente.

Sin palabras

No tengo palabras para amarte,
mi amor no cabe en las palabras, no tengo un rincón para
cobijarte porque toda mi alma está inundada de ti.

Te mueves curioso por mis venas, explorando mis adentros,
causando tempestades
de confusión y esperanzas.

Renovándote, renovándome en tu sonrisa,
en el suave roce de tu piel desnuda
y el fino toque de tus labios palpitantes.

No tengo ganas de necesitarte porque estás aquí sosteniendo
con coraje mi vida tambaleante,
arropando mis miedos y abrazando mi suerte con tu sencillez
expectante,
no quiero quererte porque amarte me es suficiente.

Te amo con el fuego que quema mis adentros,
como el agua perenne que renueva mi vid,
como las palabras que al pensar en ti guían mis dedos
para dejar plasmado el sentimiento que inspiras,
que da un nuevo sentido a mi vida, dejan un brillo intenso en
mis ojos
y una esperanza renovada cada día.

Dame un hijo

Era tu sueño ser padre,
en otro cuerpo ver correr tu sangre.
Con mirada apasionada, dame un hijo suplicabas

En lo intenso de mi memoria
tu sonrisa le regalaba,
en su mirada mi pasión impregnaba,
imaginándolo mitad tú, mitad yo.

Este deseo en mi mente
era por Dios tan fuerte,
que el tiempo me lo robo,
a ti te venció su muerte,
pues la avaricia te domino.

El nonato, por ti tajante rechazado vivió solo en mi mente, el
deseo se secó en mi vientre,
dejando su huella en mi corazón.

Fue tan grande tu avaricia que no levantaste un solo dedo para
acercar la estrella que en nuestro cielo brilló.
Hoy que el tiempo seco mi vientre le doy gracias a la vida y
me siento bendecida
de que el sueño no se materializó.

Mientras un hijo suplicabas, a mi espalda el puñal afilabas,
aunque en el corazón acertaste,
mírame hoy, soy de nuevo yo.

Poema de hoy

El poema de hoy es para rendirme, rendirme por fin a tu
ausencia,
a la triste realidad de que te has ido,
a los recuerdos que aún palpitan,
a la inmensurable memoria que has dejado.

Rendirme a lo que fuimos un día,
a un pasado de pasiones volcadas en dos bocas que se juntan,
dos cuerpos que se buscan,
dos almas que se encuentran.

Rendirme a las promesas, a los sueños
que inventamos sin pensar en el mañana,
rendirme al olvido tanto como un día
me rendí al amor que me inspiraste.

Rendirme a no volver a ser tuya, no sentir más junto a mi tu
cuerpo amado,
abrazar tu ausencia en mi alcoba vacía, en mi alma vencida a
la desesperanza.

Rendirme al vacío que has dejado, al recuerdo perenne de tus
besos, al timbre de tu voz, al encanto de tu risa,
al deseo de volver a tocar tu piel desnuda,
color canela y derramar en ti el llanto de este dolor
que me calcina, ¡de esta ausencia que me mata!

Rendirme a ti, a tu amor, a éste amor que mientras dure será
una llaga de tortura interminable, la pena que me mate,
el dolor que me venza y me destroce.

Rendirme hoy al tiempo que me hará olvidarte,
enterrarte en el ataúd de mi pasado idílico,
a la esperanza del hijo que rechazaste,
al nonato que pisoteaste, al hijo que soñé,
al hijo que deseaste y nos partió, a la esperanza que te
doblegó.

Rendirme hoy a ver como se destroza mi alma, se parte mi ser
y mientras muero
mil pedazos de mí en el camino riego
con la esperanza de volver un día
a recoger aquello por lo que viví un día, untar mi ser en uno
solo para volver a ser lo que sin tí yo era.

Tu nombre

Y se hizo piedra tu nombre
en mi corazón marchito,
cansado de tanto quererte,
se rindió a la muerte.

Mis brazos cansados de esperarte, en una ida sin retorno
cayeron a mis costados
en espera del abrazo con que iba a cobijar
tu bienvenida.

Mi cuerpo agonizante aspiraba tu carne, comía tu piel,
grababa tu nombre en cada recóndito
centímetro de mi humanidad vencida.

Temblando de dolor en la espera del regreso,
se desvaneció la esperanza en el umbral del hogar que tus
mentiras desplomaron.

Tu nombre, tatuado en mis labios me obligaba a
pronunciarte, a gritarte en cada lágrima, a implorarte en cada
grito, mi alma moría en tu ausencia
y un sepulcro de muerte me enterraba viva.

Mi esperanza se apagó mientras tú ausencia
consumía mis días.
mis labios se sellaron cuando mi garganta ya no pudo más
gritar tu nombre.

Mi corazón de amarte explotó en pedazos,
el fuego insoportable de tu ausencia
seco mi vida, la convirtió en un desierto.

Tu ausencia me condenó a ser una sombra en medio de una
multitud silente,
a enterrarme viva en un laberinto de muerte,
en una espera interminable por recuperarte
o lograr, finalmente olvidarte.

¿Por qué no te vas?

¿Por qué no te vas?
¿Por qué sigues aquí, conmigo? causando mi muerte,
llenando mi alma de frío.

Te encuentro en cada rincón de esta casa,
el lugar donde hicimos el nido, estás a mi lado, pero no
conmigo.

Te fuiste para quedarte,
dejando un vacío en mi vida, sola, aunque te sienta conmigo;
me dejaste helada, con mucho frío, con un frío sepulcral,
con un frío de muerte.

Cargando en mis silencios las memorias de nuestro pasado,
tu cuerpo en mi espalda, como un muerto que tormentos me
causa
te siento aquí a mi lado.

¿Por qué no te vas?
¿Por qué sigues conmigo?
¿no entiendes que tu presencia
me llena de miedo, nostalgia y frío?

Llegaste

Llegaste tú para cambiarlo todo,
llegaste con tu sonrisa franca que iluminaba tu rostro,
con tus fuertes brazos
que sostenían mis miedos,

Llegaste tu para romperlo todo,
romper mi calma, romper mi alma atónita y callada,
para dejar mi vida de ti despojada.

Llegaste para doler, para sangrar
en vida una muerte sin ti deseada,
para sumergirme en una vida
que sin ti no entiendo, no vivo,
¡no puedo!

Llegaste para amarme y arrebatarme en un momento los
sueños guardados en mis manos que después de ti vacías
quedaron.

Llegaste para entregarme tu pasión, tus sueños, tu sonrisa, tu
nombre,
tu aliento y mirada.

Tu muerte y la mía en letal agonía,
unidas en un infierno de desesperanza,
de llanto, de ausencias, de miedo.

Llegaste para hundirme en un abismo
de dolor inmensurable, bañado de tus recuerdos, de tu
presencia vaga que olvidar no puedo.

No te maté yo

Ya no escucho en el eco tu voz, la calma de tu risa permanece
callada, tus pasos tras los míos ya no están
siguiéndome sin prisa, dejando su huella grabada.

Sé que prometí amarte una eternidad, esperarte en otra vida,
si en ésta no podía quererte como deseaba, lo siento amor, yo
también mentí.

No pude cumplir mi promesa,
no quiero nada de ti, cosa curiosa, ni el amor eterno que
prometí.

No vale la pena entregar tal gentileza
a quién no sabe valorar un corazón
cargado de tan sutil belleza.

Cuando te fuiste en la esperanza me refugié,
la distancia me venció, que sumada al tiempo en mi despejó
las dudas que me acosaban.

No te maté yo, el tiempo te fulminó con su implacable pisada;
el sabio señor es un gran maestro, sabe bien sumar, día a día
en su caminar no perdona nada, a olvidarte me obligó.

Fue la distancia quien se robó la triste historia que de nosotros
quedó,
el recuerdo de los dos se rindió a esta efímera distancia.

Qué triste

Qué triste fue volverte a ver, sentir que mi pecho explotaba
junto a ti, que mis manos temblaban por alcanzarte, tan cerca
de ellas, tan lejos de mis brazos.

Qué triste sentirte junto a mí y saberte tan lejos,
en una distancia corta y silenciosa;
extrañarte en esa cercanía fue como romperme de agonía.

Qué triste no poder tocarte; deseándote de nuevo, como
cada día, en cruel melancolía cuando el amor aún late en mis
adentros.

Qué triste no alcanzarte en un abrazo eterno, sin mirarme en
tus ojos de nuevo, por cobardía,
sin saborear el aliento de tu boca.

Mientras el alma gritaba:
–Humillante y suplica– el orgullo me levantaba, te ví partir
con la cabeza en alto.

Qué triste no haber comprendido lo que fuiste cuando aún
quedaba tiempo,
queriendo retenerte,
me hundía en tus silencios, no entendí que en este acto
firmaba mi sentencia de muerte.

Te sigo viendo

Te sigo viendo en mi memoria eterna
más ya no estás en mi dolor,
Quedó atrás el tiempo que marcaba tu camino de regreso a mi
morada.

El eco de tu risa se ha quedado plasmada en el silencio de mi
alma, tiritando dulce como campanada que anuncia la unión
y el desafío de un amor que la traición condenó al olvido.

Mi mente, bañada de ti, te hizo eterno con tu sonrisa de niño,
dibujando lento el contorno de la boca que besé,
la silueta del cuerpo que desnudo tanto amé,
con su color púrpura, haciendo contacto eterno con mi blanca
piel.

Tengo por si acaso, grabado tu nombre,
tu acento, aunque no tu apellido, se desprendió de mi nombre
al tocar nuestras vidas juntos su final, tengo el sabor y textura
de tu piel que mis dedos impacientes recorrían.

Te tengo a ti, tu pasión, tus besos que suspiros arrancaron de
mi pecho.

Tus promesas, aunque rotas, la tengo también,
tus palabras dulces de amor, tu despertar a mi lado y nuestros
anocheceres
en una terraza, testigo mudo de un futuro que juntos
inventamos y el tiempo se robó.

Te tengo en la memoria, te sigo viendo
 pero ya no dueles, vagas inquieto en la bruma que el tiempo
despejará, te has ido, pero te has quedado sin el dolor que tu
partida me dejó.

Guardados, sí...guardado todo tú,
tu mirada lánguida cuando me decía te amo, tu cuerpo
ajustado al mío en los momentos de pasión.

Todo el amor que construimos juntos,
Los momentos que inventamos guardados están
en la caja invisible de las memorias de mi alma.

Muerte

¿Has sentido alguna vez la muerte fría,
la muerte lenta del olvido?
¿has sentido que tu cuerpo yace en la alcoba fría de la
ausencia, tembloroso, ausente del alma, inerte ante la vida?

¿Has sentido que cada te amo que quedó sin respuesta ha
sido un dardo mojado de hastío, de olvido, de ingenuo
desvarío?

¿Has sentido como te viste la vida con un hábito de muerto,
como un ensayo de dolor, como un hilo de agonía eterna,
que te suspende en un infierno sin nombre, en un infierno de
memorias que calcinan?

¿Has sentido como los recuerdos te hincan ante el deseo del
olvido?
¿has visto el palacio en el que viviste derrumbado por el
temblor de una traición?
¿has visto la cara del ayer sepultada en la memoria?
has vivido el puñal de la duda
Clavado en el alma como un aguijón?

Olvido

Otros labios han besado mi boca, otra pasión ha encendido
mi cuerpo,
otras caricias han borrado las huellas de tus dedos esparcidas
por mi piel, antes tan tuya, tan rendida a tu desnudez.

Sus palabras en mi oído como gotas de rocío,
llenando con su eco el silencio que dejaste, bañando tu voz de
olvido.

Te vas difuminando en la bruma del tiempo,
el contorno de tu silueta en el olvido se pierde en la distancia,
por esa puerta abierta esperando tu regreso, un intruso entró,
cobijo con su abrazo mi dolor y me robo un beso.

El timbre de tu voz, el brillo en tu mirada,
tu nombre, tu color, el sabor de tus labios, de tu piel…todo tú
no eres ya más que una imagen
refleja en el espejo empañado en las memorias intocables del
pasado.

Te veré por cierto

Te veré en un tiempo, lo sé por cierto,
las almas gemelas siempre se buscan, siempre se encuentran, se
perciben en la multitud perdidos; te veré, ¡te veré por cierto!

Cuando eso pase, amor mío, estaré lista y tú despierto,
tendrás tus manos llenas, yo el cuerpo vacío para recibir tus
besos, para llorar contigo como hice un día.

Cuando Dios quiera será el tiempo del reencuentro, en esta
vida, en la otra, ¡qué importa!
¡ahí te espero! si una eternidad no basta, te espero en la otra,
pero te espero.

Te busqué

Te lloré, te busqué a tientas en el gemir de mi alma, en el
penar de mi vida, te busqué en esa ausencia larga que dejó tu
espacio vacío, te busqué en mi almohada, en mi cama, en mi
vehemente lecho y no te encontré.

Te busqué en mi mesa, en mi lento caminar no te encontré.
Todo lo que ví de tí eran memorias inmensurables con sabor a
muerte.
Morí en cruenta agonía con tus recuerdos
quemando en mi memoria, arrastrándome al abismo,
golpeado día a día mi desahuciada vida, arrastrando mis
noches a un infierno sin nombre ni esperanza.

Te busqué en el cruel desprecio de tu traición , de tu olvido,
de tus mentiras...mientras el puñal certero partía mi alma en
dos, yo te busqué sin encontrarte,
te desee sin esperarte, te amé sin odiarte, te olvidé mientras
mi alma moría, te olvidé mientras caía, mientras te lloraba
te olvidé, mientras moría, ahí morías tú, mientras caía en el
infierno donde me dejaste cavaba tu tumba, profunda y fría
como tu ausencia, como mi dolor.

Cuando toqué el fondo de mi abismo, el fondo mismo de un
infierno en llamas, comencé a emerger por el mero instinto de
sobrevivir, ¡me levanté de entre los muertos!

Ahí mismo donde la garra cruel de tu traición me arrastró...
ahí mismo te dejé olvidado, te enterré vivo,
¡en las profundidades de un abismo en llamas!
mientras otros ojos me devolvían la luz morías tú... vivía yo.

Ave de mal agüero

El Huele de noche no desprende en el día su aroma,
el ave nocturna tampoco emprende el vuelo en el claro del día.

Tú, ave de mal agüero, como cenzontle me regalabas tu canto,
en tus besos inyectaste el veneno que mató mis sueños.

Alma de cobarde

Tus acciones no confunden a Dios, valores te faltan y lo
demostraste en un juicio donde la casta enseñaste, la falta de
hombría de tu pecho sacaste.

Con limpia conciencia vagas por el mundo, engañando gente
con tu estúpida mirada, suma el tiempo que me robastea tus
triunfos bien logrados, a las metas que alcanzaste.

Suma las mentiras que dijiste, mientras ambicioso me
enamorabas, tu plan salió perfecto, lograste más de lo que
planeabas.

El corazón en tu botín se fue completo, al partir roto lo
dejaste; suma las lágrimas, el alma que a ti aspiraba, de mis
bienes, mejor no digo nada.

Ladrón de guante oscuro que de todo me despojaste, escucha,
alma de cobarde, la dignidad y los valores es todo lo que no
robaste.

Miserable te conocí, alma de cobarde, después de tu osadía
sólo lograste irte más miserable de cómo llegaste;
el dedo acusador del destino hacia ti dirigiste
caerá lento y certero con la furia que despertaste.

Ganancia

Te vi partir, cargando tu mochila al hombro más cargado de
cómo habías llegado, me habías robado todo.

Te conocí en un mes de junio, en la primavera de tu llegada
mi jardín repleto de colorido estaba,
era yo feliz, la madre bien amada, mujer aventurada.

Te perdí un mes de octubre;
el otoño descolorido y frío
marcaba su llegada, sintiéndome muerta, devastada.

El tiempo me devolvió el corazón,
la cordura regresó, el dolor murió, en un espasmo de vida
entendí que nada perdí. Enamorada de un fantasma, un ser
que no es nada yo idolatraba;
ignorante, pequeño, falso resultaste, tu adiós me dió todo,
ganancia te llamaste.

Nonato

Nonato asesinado por la ambición
de un padre acobardado, el deseo intenso de un hombre
fingiéndose enamorado.

El nonato que en mi vientre se hizo agua, corrió como una
fuente por mi cuerpo apesadumbrado al entender que eras
mentiras solamente.

Así, sin existir se hizo silente;
deseosa de darle vida, lo abrace en mi mente,
tú, desalmado, ¡le regalaste la muerte!

La última vez

Esta es la última a vez que con respeto te recuerdo,
escuchando las canciones que dedicaste
al amor que un día sentí.

Amándote te recordaré, si en blanco pongo mi mente, pues si
recuerdo lo que fuiste, odiando terminaré.

Esta es la última vez que miro al amor con orgullo y de frente,
amor solo mío, antes de golpear al cobarde con el látigo de la
muerte.

III

No puedo decir que no he vivido; he amado lo suficiente
para soñar, aunque se han roto mis anhelos con desengaños
infructuosos, no puedo decir que la vida ha sido injusta , el
tiempo no ha sido perdido, me ha llenado de riqueza.
No puedo decir que los golpes no han dolido pero siento
que los mejores años de mi vida están empuñados aún en mis
manos, en un camino que se antoja, por mucho, bendecido.

Tengo la sabiduría del camino recorrido, el dolor de los
amores ya olvidados,
la penitencia de los pecados que he purgado, la resistencia
del soldado que ha peleado, la persistencia del caído que
aún lucha con fe pues cree en un mañana que aún no se ha
mostrado y la fatiga no lo ha vencido.

Estoy en el momento cumbre de mi vida:
tengo mucho que esperar y nada que perder…. ¡me he
equivocado y mucho!
He llorado en mis noches de desvelo, he tenido amores dulces,
otros viles,
villanos y traicioneros pero aún puedo sentir la vida abriendo
su refugio en mi alma.

He alcanzado más metas de las que me he fijado y no se como
se abra el futuro.
Si la realidad golpea con una cachetada fría en la cara
solo queda levantar la mirada y esperar un destino inseguro
aún si el desenlace se deje caer cruel, silencioso, inesperado,
mortal y despiadado, soy humano: de los golpes he sacado
mis fortalezas.

Cada día una oración renovada, vuelvo a recuperar la
esperanza,
a respirar, a desear, a esperar un destino que no ha fijado su
partida,
sigue llamándome con vehemencia a su lado. Espero aún y
mucho, inundada de fuerza, estrechando mi mano.

Conservo la esperanza como una semilla de vida en mis
manos,
como si fuese un esperma de vida en mi vientre que me
recuerda a diario que la vida empieza y no termina, que latirá
y vivirá con gloria y orgullo hasta el fin de mis días
en mi corazón de mujer.

Las letras de tu nombre

He hecho de ti un poema, dibujando una línea entre tu
corazón y el mío, uniendo las letras, encontrando el fonema.

Enciendes tú en mis venas la locura de mis versos, la envoltura
de palabras que al pensarte corren tras de ti en busca de tus
besos.

Cosa natural es quererte, en el amor se desglosa el verso
que describe la sensación al contemplarte.

Todo en mí sería un instante de agonía si no supiera que
llegaste
para amarme tanto como a mí me gusta.

Oración quiero convertirte
para leerte en mí, letra a letra cuando siento tu boca con la
mía.

Regalarte mi inspiración es lo que quiero
para no olvidar nunca que llegaste
para llenar de luz mi cielo.

Más en este poema corto quiero aclararte que te quiero más
por lo que soy contigo y de tu nombre he robado las letras
para escribir algo solo tuyo y mío.

Dices

Dices que me amas con un suspiro lento, sumergiendo tus
palabras en tu pensamiento, como si atraparas en tus ojos el
color de la vida
y en un suspiro hondo te bebieras el viento,
el claro de tus ojos se torna húmedo,
disparando una gota de rocío tenue
que retiras de prisa con tímida mano.

Dices que si pudieras me bajarías la luna para alumbrar mis
noches de fortuna porque con su luz en mi rostro me vería
más bella, desnudarías mi cuerpo y lo cubrirías con el manto
infinito de las estrellas.

Dices que en mi cuerpo aprendiste a tocar guitarra, de sus
finas curvas la música sacabas con trémulos dedos las cuerdas
explorabas,
para robar de ellas el canto de las sirenas.

Dices que en nuestro canto los ángeles
hacían coro, que dos en el lecho cuando se aman
se roban el tiempo con la mirada, hacen con su pasión una
orquesta
cuyo murmullo hace explotar la estrella más lejana que arroja
centellas al infinito.

Dices que por mí ladrón serías, tú Robin Hood si lo deseas,
robarías mi corazón, descubrirías mi alma,
con dulces besos enterrarías angustias
y me regalarías la calma.

Dices que construirías un castillo en una tierra bella y lejana,
que llenarías mi mesa con los manjares de una diosa,
adornarías mi pelo con una rosa,
cuando suenen las campanadas una madrugada en un arrebato
febril me harías tu esposa,
vestida del blanco de la pureza y tu corazón en mi dedo como
promesa.

Todo eso me dices tímido, loco mío
con el puro brillo de tu mirada mientras siento el confort de
tus fuertes brazos
cobijando mi fragilidad con tus abrazos.

Dame un beso

Dame un beso, cálido y tibio que descienda lento hasta mi
alma y se anide intenso en mi memoria.

Dame un beso suave sin medir el tiempo,
mientras tu cuerpo se confunde con mi cuerpo;
te deseo como desea el sediento
el agua cristalina en el desierto.

Dame un beso, de mis dudas no preguntes, bésame y entiende
que al amarnos se acaba el tiempo, se despejan los temores.

Te vas tú y yo al quedarme
espero ansiosa tu beso en el reencuentro, pues nuestro amor
no se basa en el tiempo.

Déjame

Déjame amarte hoy mientras puedo, amarte como si fueras
un dios mitológico, como si te necesitara para vivir sin miedo,
para no morir y respirar profundo.

Déjame entregarme a ti como si fueras un oasis
en el desierto de mi vida,
aferrarme a tu mundo, amarrarte a mi anhelo, en un éxtasis de
dolor y miedo
amarrarte a mis deseos.

Déjame mirarme en tus ojos color miel, sentir que en ellos el
tiempo se desvanece, la distancia se rompe y en tus besos la
hiel del amor se hace tangible y me enaltece.

Déjame, solo déjame amarte hoy como eres, sin promesas, sin
reservas, sin esperanzas, sin tiempo...amarte en un instante
como si fueres
el caballero que se une a mis andanzas.

Déjame dedicarte mis memorias,
que han de doler un día cuando te vayas, entregarte la pasión
que en mi cuerpo se desborda como un manantial cristalino e
inagotable que va contando de lo nuestro sus historias.

Déjame perderte por instantes largos,
extrañarte cuando te vas como a un amigo, quererte como a
un hermano, desearte como a un amante,
acariciarte como un sueño en mi letargo.

Mariposas

No roces mis labios porque me estremezco y quiero esperarte,
ansiosa con el eco de besos en mi alcoba.

Con desnudez virgínea de doncella, mis muslos como
caminos inciertos con olor a fruta de primavera,
envolviéndote todo como una ola,
en el suave vaivén de mis caderas.

Mientras las mariposas que nacen
en mi vientre al pensarte
escapan silenciosas por mi aliento,
depositando su cosquilleo en tu boca
y un aletear de palabras en tu oído.

Te amo dijiste

Te amo dijiste, pero no suficiente
para perseguir mi cuerpo con manos
bañadas de ansias, tu boca en busca de la comisura de mis
labios con fresco y húmedo aliento.

Te amo dijiste, pero no suficiente
para darle luz a un amor que permanece callado, oculto en el
umbral de un día clandestino.

Me diste un te amo que no tiene sentido,
amor que se esconde en las sombras,
agazapado, atrapado a una promesa esperando la luz del
amanecer.

Un te amo que no apuesta al mañana es un te amo
cayendo al vacío, mojado de olvido, en trémula espera se va
consumiendo, vencido.

Me dijiste un te amo arrastrando tus labios, penetrando en el
viento,
transportado en el tiempo, como una semilla que nunca
germina.

Tocaste

Tocaste con tus labios mi quimera,
callado y sonriente,
tocaste con tu dedo la herida abierta y palpitante.

Fantasma que en la niebla te escurriste cuando mis pasos
querían seguirte, soñando con la tierra prometida,
amarrada a tu bálsamo de muerte.

Arrastrando en tu paso el tiempo
que a mí me prometiste,
dejándome en silente espera
en dolor te convertiste.

¿Qué culpa tienen los amantes
de que el tiempo se vuelva en nada
si la nada es el final exacto
de la flor que sin agua es condenada a muerte?

Hoy

Hoy estoy aquí pérdida en tu mirada, en el sabor de tus labios,
el vaivén suave de tu cuerpo unido al mío en desnudez etérea.

Doblegada al sabor de tu cuerpo desnudo,
a la promesa del próximo encuentro,
a la sensación de tenerte,
al mañana incierto y transitorio.

Hoy estoy aquí con miedo a la distancia y al tiempo,
siempre caduco y eterno, con las memorias unidas,
pegadas a mí, sintiendo que el tiempo, como cruel verdugo,
me matará un día.

El hoy me matará cuando te hayas ido,
Cuando te extrañe y quiera apagar mi fuego,
me matará el amor que hoy siento
cuando te despida en silencio con un beso.

Hoy estoy aquí con una felicidad prestada,
con tus ojos de fuego hundidos en mi mirada, volando en mis
deseos, amándote,
Deseándote, sintiéndome atada,
pronunciándote en silencio, como en un poema.

Retomando las memorias que no se esconden
Ni se rompen, muriendo en ellas con las horas,
entendiendo el amor que se fuga,
queda atrás al despedirte,
sin perdonar la felicidad que nos robamos.

Dudas

Quise besarte con las ansias locas de mi amor arrebatado,
entregarte mis esperanzas fortuitas en un abrazo prolongado,
unirte a mi camino, enlazarte a mi destino, como un soplo,
como un suspiro inmaculado.

Pero la duda invadió mi ser, los recuerdos de un amor con un
final insospechado
sacudiendo mis entrañas, envolviendo mi memoria
bruscamente al pasado de un amor me regresaron,
de un amor que cobró un precio muy elevado.

Dudé y me dediqué a quererte, a mirarte a través de la cortina
de la duda,
sin someter mi corazón a la cruel agonía de amarte y al temor
incesante de perderte.

¿Quién eres tú?

¿Quién eres tú que con sus silencios marchita mi alma, cierra
los ojos bajo mi escrutinio, ansioso de respuestas y verdades?

¿Quién eres tú que llegaste
obedeciendo mis plegarias,
Callando mis silencios,
Respondiendo a mis anhelos?

¿Quién eres tú, embustero que escondes la verdad bajo la
tierra,
Silencioso pero certero
escarbando en el dolor de mi pasado?

¿Quién eres tú hombre de pasiva mirada,
de inteligencia serena y viva de mente científica y taciturna
Que escondes mucho y no dices nada?

¿Quién eres, quién el fantasma que te acompaña como una
sombra lánguida y fiel viviendo de tus palabras, muriendo de
tus mentiras?

¿Quién eres tú, el real, el único, el compartido, cuál es tu
historia y la verdad que te sigue, la que a mí ojos se escabulle,
la que de mí se burla y de ti se ríe?

No toques la herida

Te tome de la mano
y te lleve a mi pasado,
te enseñé cosas,
no eran un jardín de rosas.

En esa ventana retrospectiva
observaste mi alma lastimada,
con un hilo húmedo en los ojos
te suplique -"no toques la herida"-

Sacudiste mi alma
con la garra cruel de la mentira
hiriendola de nuevo,
sin medir el daño que hacías.

Alíviame

Alíviame el alma, amor;
me siento triste y solitaria, tu olvido me ha dado
el dolor que no esperaba.

Alíviame el alma, amor, amor que llegaste
para hacer daño,
no sabes lo que tu ausencia me ha causado.

Alíviame tú , tú …motivo causa de mi tristeza; seca mi llanto,
dame tu mano,
quiero continuar
pecando a tu lado.

Alíviame; este dolor es tu obra,
mentiste consciente, aunque no lo admitiste
tu falsedad me tiró, me rompió, me termino.

Amor que de lejos llegaste

Amor que de lejos me buscaste, y de lejos, con el tiempo me olvidaste; amor que llegaste de lejos, buscando ansioso mi cuerpo.

Amor que llegaste de lejos, con los minutos contados a regalarme el reflejo de un amor profanado.

Amor que nunca supiste
lo que yo puse en tus manos;
Mi amor no sirvió de nada, en la última milla me ignoraste.

Ni queja, ni silencio lograron cambiar el rumbo de tu mirada,
de lejos llegaste, amor, de lejos,
en esta distante odisea me abandonaste.

Búscame

Búscame cuando esté ausente de ti, cuando mis labios no
descansen en tu boca ni tu piel se roce con la mía, cuando mi
risa ya no se refleje en ti.

Búscame cuando mi voz no susurre en tus oídos los te quiero
que te hacían feliz, en tus días eternos de nostalgia apresurada
cuando ya no bebas de mi boca
Ni comas de mi piel.

Búscame cuando la amistad rebase a los amantes
que se prometieron mucho, se dieron nada más que el olvido
fébril de dos que pretendieron ser y no pudieron.

Búscame cuando en mí pienses
con tus promesas rotas con sabor amargo, en los sueños que se
rompieron, el adiós que nunca llegó pero cimbró con todo su
poderío mi fé..

Búscame en el espacio tranquilo de tu memoria,donde el
tiempo descansa y el ayer duele, cuando tu memoria te traiga
a mi cuerpo tibio y desvelado, a mí desnudez paciente en
espera de la tuya.

Búscame en los rincones de tu vida,
galopando en los cielos de tu memoria,
cuando ya no esté, cuando me haya ido...búscame.

Fantasmas

Sella mis labios con una caricia, no quiero saber que el mundo
existe, quiero concentrar mi vida en tu mirada.

No he sido ociosa para amarte
y tengo el vicio de quererte
aunque tú no sientas nada.

En esta magia solo mía,
el dolor de ser un fantasma en tu vida
también me pertenece.

El tiempo, entre esperanza y agonía pasa
soltándote lento, amarrándote en pausa,
mientras la daga me atraviesa.

En fantasma también te convertiste, vieja historia en mi vida
repetida,
de mentiras cansada, por demás vencida.

Siento como la muerte lento nos abraza, estrechando
silenciosa la distancia
entre ella y este idilio sin razón ni causa.

Indiferencia

Con una mirada desnudaste mi alma, con un beso la
rompiste, como delicados copos de nieve cayó tu indiferencia
sobre mí.

En mis ojos se hizo tibio el frío del hielo que me regalaste,
resbaló silente por mi rostro,
Indiferente fuiste a mi llamado.

Delicado como caballero llegaste, con el tiempo de armadura
te vestiste, usaste el tiempo para hacer memoria, una vez más
mi alma destrozaste.

Con una mirada me arrancaste
el recuerdo del ingrato antes de ti, así mismo me dejaste roto,
empapado el corazón
con el frío indiferente de tu amor.

Amar o querer

Quise declararte en esa tarde fría mi amor, ansiosa de tus
besos mis labios palpitaban, mi cuerpo tus caricias esperaba
cuando en tus ojos leí claramente
las consignas que tu alma declaraban.

A mi alma la angustia abrazo,
La duda en mi mente voló a un pasado de torturas añejas que
a mi conciencia despertó.

Me diste un te quiero en un beso sutil,
mi alma gritando un "te amo"
corrió tras de ti, sufriendo e implorando:
Mírate en mi.

La distancia no calla, las dudas aplastan a cruel tortura de
verme, una vez más, despojada de mí.

Quise mirarte en mí como un solo ser, soñando en mis
desvelos que tú eras el fin
de una búsqueda añeja, ausente y fébril de un par que a mi
lado fuera tan semejante a mi.

Pero tu vacía ignorancia del amor asumí que era solo el
momento a tu lado el que yo debía vivir, ignorando el pasado,
Ignorándote en mi.

Con el mismo dolor en mi alma acepté
Que eras un pasajero más que en el tren de mi vida
veré un día partir.

El pasado, que a recorrer me niego, quiso arrastrarme a la
verdad que reconocer no quiero, eres simplemente un pasajero
y dejar de amarte debo.

Sentimientos

No me ignores después de hacer el amor como si fuésemos
solo dos cuerpos
que vacían sus deseos en carne desflorada.

Toca mis ojos con la transparencia de tu mirada,
detente en ellos en un silencio eterno,
si ves una lágrima caer no digas nada.

Es mi alma que se ha visto desnudada
y no puede retener el sentimiento
de sentirte mío, aunque sea por un momento.

Son sentimientos que se acuñan en el tiempo, en la noche
cubierta de estrellas, cuando tú y yo paseamos en ellas.

Son lágrimas que salen del alma
que ha sido por tí profundamente tocada,
en cuerpo y corazón a ti amarrada.

No digas nada, deja que mi ojos a ti te hablen,
si por alguna razón estás mintiendo
Algún día sepas lo que estoy sintiendo.

Porque no soy solo cuerpo ante ti derrotado, soy alma y
corazón que a ti se está rindiendo.
Si fallas sabrás que donde más duele, has golpeado.

El frío de tu silencio

Te cuesta trabajo decir lo que sientes
Mientras yo en silencio veo cómo mientes.
Con un beso tuyo siento
el sentimiento que de mi alma se desprende.

Para amarte necesite un beso, para olvidarte necesito el
tiempo, nuestra historia toca su final con un lamento
sostenerla quiero, más me rompo en el intento.

Tocaste con tus fríos dedos la herida abierta y palpitante,
repitiendo la historia que grita en mi memoria,
Sin entender un corazón lleno de nostalgias,
Me regalas el frío de un invierno amenazante.

El frío de tus silencios como puñal en mi alma se hunde, sin
comprender como en tu compañía
la paz a mi ser le regalaste un día.

Mientras yo en esa paz me sumergía tu inquebrantable
silencio me acercaba a la agonía de perderte otra vez hasta la
muerte.

¿Por qué me dueles?

¿Por qué me dueles, amorcito? si mi corazón está seco,
muerto,
ya perdí la memoria de lo que siento.

He sufrido en el amor desengaños,
más mentiras de las que cuento, traiciones, en verdad no
miento.

Me pides que no sufra, amorcito,
que arránque de mi pecho el miedo, pero la duda me la dió el
instinto. Con el corazón limpio te dí mis sueños, te conté mi
vida, te regale mi historia,
 en mi tibia desnudez me entregue toda.

¿Por qué me dueles, amorcito?
¿será que aún no he muerto,
que sigo hablando con los insectos?

Haciendo de los cuerpos hombres,
bailando de día con la esperanza, entregada de noche, a mis
temores.

Mis cajas

Llenaste tus manos con las estrellas
y mi camino iluminaste con ellas, palabras huecas susurraste,
apasionadas en mi oído,
Mientras mi desnudez disfrutaste.

Llegaste para salvarme,
vaciar mis cajas de temores, estoy segura no pensaste lo que en
ellas agregabas.

¿Quién me salva de ti?
¿A quién acudir en mis lamentos?
una caja agregaré con mis constantes errores,
tú nombre, no lo dudes, le pondré.

No dijiste nada

Quise guardar tu memoria en mi alma pero tu silencio
quebranto
Mi anhelo.

Me despojaste lentamente
de tus brazos y tus besos;
Mi espera se hizo larga, te fuiste y no dijiste nada.

Una gran farsa

Con mis sienes en la almohada y mi corazón aprisionado,
siento que te quiero y te quiero aquí a mi lado.

Más no te quiero mío, porque mío nunca fuiste,
fuiste del tiempo,
De tu cruel osadia que causó otra gran caída.

Fuiste del viento, que arrastró tu gran mentira, una cruel
decepcion,
un largo silencio.

Fuiste la mano en la que puse una esperanza,
Solo una, fruto de mi desconfianza.
esa mano a mi extendida
resultó también una gran farsa.

Mañana

Ya muerta con la fe vencida
me entrego a las atrocidades de mi desventura.

Sin más recepción que mi silencio
junto a tu cuerpo desnudo
sin encontrarte, sin recuperarte.

No quisiste abrir mis cajas,
pero sí inventaste una nueva, cerrándola con el olvido.

Mientras me privabas de tus besos,
el sinsabor de tu indiferencia
me bañaba en sangre.

Una vez más ante mí abierto el abismo del miedo, el silencio
inmenso, como dos ánimas viajando en la bruma.

Como dos soles que por separado brillan, uno eclipsando al
otro,
así tu silencio absurdo me apago de nuevo.

En mi ambiente flota, una vez más
el dolor profundo, la oscuridad eterna,
que me abraza fuerte con su desnudez marchita.

Las preguntas flotan y responder no puedo,
este añejo dolor va penetrando,
lento y profundo en mi alma quebrantada.

Con una mirada resbalaste lento,
desnudando mi alma,
avivando mi tormento.

No estabas aquí para causar el daño,
estabas aquí para golpear de nuevo este corazón marchito.

Mirabas mis ojos con promesas de acero,
tu dedo clavado en la vieja herida, rompiéndome de nuevo.

Una vez más, como muñeca de cristal
al suelo caí rota en pedazos,
sin buscar un mañana,
sin esperar un reencuentro.

Tú dormías, yo apagaba mis deseos,
lamia mis heridas, me desvelaba a solas,
aguantaba el llanto para llorarlo en pausas.

Cuando ya no estés, mañana que te hayas ido
las soltare despacio, gotas amargas,
tibias con sabor a sal, con sabor a ti.

En mi mente eterno se hará este día, que decidiste regalarme
en falso, como perla cultivada, a mis pies caerá convertido en
agua, resbalará despacio.

Pensando que éste episodio se ha repetido como marcha
fúnebre en mi vida, si el amor se niega ¿para qué buscarlo?

En desesperado intento, corriendo en vano
tras una esperanza que alcanzar no puedo, su rapidez rebasa
mis intentos.

Te perdí de nuevo, amor que llegaste
para saborear mi cuerpo,
regalarme grácil tu gentil deseo,
tus sonoras risas y tus cálidos labios.

Tus palabras, cuyo son replicarán mañanaen el silencio que
rompiste un tiempo,
mañana, cuando te hayas ido.

Y ya no te busque más en mis pasos diarios,
Ni piense en ti como mi segunda parte,
Ni te extrañe al no escucharte.

Pues tu silencio ya me lo dijo todo, ya no quiero lamentarme,
sino soltárte, mañana cuando te hayas ido,
ya no seas más en mí como fui contigo.

La muerta

Mientras la muerta lánguida y fría descansaba, la viva en
silencio te aguardaba,
reprimiendo en el pecho la lágrima viva, en un cuerpo de
sangre aún tibia.

Recorriste distancia para ver a la muerta, descansando en un
ataúd el cuerpo sin alma, abandonando a la mujer que triste
esperaba tu beso tímido, tibio, cargado de ti,
cargado de vida, en tu llegada.

Cuando tú a la muerta tu tiempo entregabas, yo te aguardaba
latiendo en la misma distáncia;
la mujer viva, la que todavía sentía, con tu trayecto el alma
partías,
rebosante de vida tu regreso esperaba.

¿ Fuiste tú, tu descarado silencio,
tu frío abandono quien mi amor entregó a la muerte? pudo
más la muerta con su lúgubre silencio
que mis pechos hirvientes,
que mi cuerpo latiendo en una alcoba vacía.

Los ojos cerrados de la muerta contemplabas.
la viva con fuego en la mirada, en espera de tu llamada, su
llanto escapaba,
con frío de muerte su pasión apagabas.

¿ fue la muerta, el cuerpo sin vida,
Quién mató con su muerte
El amor que en mi pecho latía?
en su lúgubre tumba lo enterré con ella.

Silencio

Que triste que no caminastea a mi lado en esta bella jornada
que prometiste.

Qué triste que te escondiste tras el velo infranqueable
del silencio.

IV

He preguntado sin encontrar respuestas, he visto sin encontrar sentido, he muerto por instantes sumergida en letales desvaríos, he purgado pecados, vivido desilusiones sin razón ni sentido, he buscado sin encontrar, orado sin desfallecer y en medio de mi confusión y locura aún tengo tiempo para la fe porque la vida siempre le dio luz a mis ojos, paz a mi espíritu, esperanza a mi corazón, sendero a mis pasos y fuerza a mis brazos. Tantas batallas peleadas me regalaron alas de acero, ahora voy a volar...

A mis hijos

Quizás Dios quiso que no fuera olvidada,
como estrella apagada en medio del infinito, con ellos en el
mundo mi legado se alargara
mi sangre se prolongará en el brillo de su mirada.

Sin ellos yo no seria nada,
un errante caballero derrotado en la batalla, los amo a los
tres por igual,
con la fuerza avasalladora de la naturaleza
o con la paz taciturna de la mar,
a los tres los apuño en mis manos,
escritos en ellas están.

Una no alcanza a vivir sin prisa,
en su vida tan agitada, se siente a diario desesperada por
acercar a ella la estrella que el cielo le prometió.

Con un corazón tan grande que un día en el pecho estalló,
de ese big bang el cielo un ángel le regresó.
su corazón adolescente, con ésta inesperada llegada, sin
esperar más, la maduro.

A ella, aunque bella, eso no le interesa pues la más genuina
belleza está implícita en la ciencia, de los libros ha hecho sus
amigos, como gentil caballero,
Cargándolos en su espalda a lo largo de su jornada.

La otra de singular belleza, pareciera que la realeza con ella se
equivocó,
paseando por la vida, con ese fuego encendido
en los deseos de su corazón;
como pavo real presumido, al caminar arranca suspiros
en todo áquel que la ve pasar.

Ella es tan preciosa que el mismo cielo se doblega
a su angelical belleza, majestuoso le cede el paso,
en sus ojos grandes, almendrados,
brilla ansiosa la esperanza
de un futuro prometedor que con mano desesperada,quiere,
sin duda alcanzar.

El niño agitado, adolescente de sí mismo enamorado,
por su orgullo ciego está;
es natural ser arrebatado a ésta imprudente edad.
furioso por la promesa
del castigo en consecuencia.
de una actitud errante, pues con pie vacilante va.

Como Ricardo el grande, la fuerza aguerrida permanece
dormida hasta que la propia naturaleza le bese la frente,
en su corazón se encienda la llama que a sus manos dé
nobleza, a sus brazos la fuerza bravía de su naturaleza que
abrirá paso al hombre de fuerte mano
pero noble corazón.

Los tres son mi orgullo, mi fuente, mi fortaleza.
de los tres tan diferentes, lo único que comparten es la
liga de sangre de la madre que en sus brazos los arrullo yo
dulcemente poemas les recito.

Unidos los quiero siempre,
pues los tres cupieron en mi vientre cuando la vida me los
presto, aunque los quiero diferente,
a los tres amo por igual,
de un modo u otro son iguales a mi espejo
pues los tres son mi reflejo.

Tres virtuosos, mis mosqueteros, cada uno su propia fuerza
heredada
de una madre dispuesta a lanzarlos al mundo a conquistar
promesas en su horizonte impresas.

Sin ellos no me reconozco:
mis hijos bendecidos, por Dios protegidos
es él quien me da la mano en la batalla por su educación,
los tres libres por naturaleza, atados
a mis anhelo de madre, a mi corazón
inflamado de amor.

Mujer

Despierta mujer, no tengas miedo
Si en tu agitada vida no encuentras descanso,
en el devenir de tus días la paz como promesa etérea frente a ti
se alza.

Si la mano que trae el pan golpea la mesa, tu cuerpo,
marchita tu alma y te arrebata la calma,
¡escapa! Siempre hay esperanza.

Que el abandono no te haga presa, ni el miedo te convenza de
quedarte en un hogar lleno de tristeza.

Tu alma tiene alas en tu fé ellas descansan, ocultas en el miedo
y desesperanza, listas para volar cuando tus ojos, tristes y
mojados se abran.

No temas al cobarde que aprovecha su fuerza para destruir tu
fortaleza;
¡huye del miedo, la violencia y la tristeza!

Cuando levantas tus alas,
tus brazos toman fuerza, el espíritu rendido se alza
hacia caminos nuevos.

El miedo fulmina tu templanza, mientras en tí lata la
esperanza no tendrá vida el valiente cuando el cobarde alce su
estandarte.

Quisiera

Quisiera oir tu risa nuevamente flotando en el ambiente,
rasgando la felicidad para sacarle brillo, depósitarla en tu alma
inocente, abrazar tu plenitud en mi corazón herido.

Quisiera regresar el tiempo al instante mismo de tu corta
infancia,
arropar de nuevo tu cuerpecito frío, estrecharte fuerte junto a
mi pecho abierto donde bebías un día la vid de la vida.

Una vez ahí, las dos frente a frente,
besar con loco frenesí tu rosado rostro, penetrar en tu mirada
viva, curiosa y alegre,descubrir tus tormentos para sufrir
contigo.

Regar con mi sangre tu pequeño corazón hérido, al romper
en llanto aliviar tus miedos, consolar tu alma y con mi dolor
sanarte,
mirarte de nuevo feliz y anhelante.

Quisiera penetrar tu alma inquieta, llegar al sitio donde tu
dolor se esconde,
hincada y vencida con esta inmensa pasión de madre,
implorar piedad para tu alma vacilante y misericordia al
Cristo sangrante para la hija que en un abismo de dolor me ha
hundido, piedad para una madre que agoniza.

Quiero mirarte, pequeña mía y comprenderte,
si por alguna razón tu alma sufre, tu mente de tu razón
escapa, con júbilo llevar tu carga en mis cansados hombros,
cargar tu cruz sin importar el peso,
llorar tu llanto con mis propios ojos.

Quisiera entregarte mi vida, si de eso depende tu reposo,
limpiar con mi sangre tu camino inquieto, quisiera en mis
noches largas, tenebrosas y tristes
amarrarte a mi pecho para morir contigo, arrancar el dolor de
tu adolescencia inquieta.

Quisiera amarte más de lo que ya te amo para llorar aún más
por tus locos desvaríos, por tus desviados pasos e inmadurez
ingrata
pues dios quiso volcar en mí el amor del infinito entero.
¡dolerme más no alcanzo, sufrir más no puedo!

Quisiera encontrar el hilo que quebró tu voluntad de acero,
sobre el, si es posible volcar mi angustia, mi miedo si de algo
sirve, pequeña mía el dolor que sufro
¡abre mi pecho! ¡arráncame la vida que sin ti no vivo!

En la mitad de mi vida

Estoy en el punto medio de mi vida, en el punto medio de la
juventud que ingrata amenaza con marcharse,
déjando tras de sí el aroma a gardenias
que refresca mi memoria adolescente
y el perfume fresco de la aurora. Plasmada y feliz al tiempode
dejar tras de mí esta estela de besos tibios;
de amores dulces y arrebatos puros, recuerdos de amores que
me han amado, a los que yo también amé, ¡Pues qué carajos!
El mejor legado que déjo a la vida,
sin duda son mis tres retoños,
la prolongación perenne de mí misma,
gotas puras de mi sangre y anhelos

El dolor que sufro cuando caen,
la inmensa dicha de saberlos míos,
aunque prestados, en sus años gráciles de tierna infancia,
sus infortunados tormentos de adolescencia,
su felicidad tranquila de fresca juventud.

Sin duda mis ojos poco a poco
perderán el brillo intenso de su jovialidad de antaño, mi piel
marchita perecerá en los años,
mi cuerpo se doblegará a la debilidad del tiempo.

Cuando llegue la hora podré irme en calma
porque en esta vida fui de todo, aunque no perfecta, he vivido
siempre a mi modo.
he pagado con intereses caros las deudas que mis errores me
han cobrado.

Mi felicidad no ha sido tampoco un don prestado
sino un privilegio que con tenacidad he ganado,
peleando mis batallas,
tomando los retos que he encontrado.

Dejaré atrás mi poesía como legado,
que nostálgica contará mi historia,
desgajada, pura, inmersa en letras,
sin medir palabras para describir el miedo,
el dolor o la dicha que me rindió al encanto de la vida.

Búsqueda

Si tuviera que donar al tiempo mis memorias, regalar a un
amigo mis historias,esparciria en el viento las palabras como
un suave lamento de mi alma.

He envejecido esperándote en mil tiempos,
adivinándote perdido en cada rostro, tómada de tu mano en
mi jornada y tus labios en los mios sellando un pacto.

En esta búsqueda sin fin me he equivocado, arrastrando en
mis pies esta cadena,
amores falsos que han dejado una estela de dolor que al
corazón ha doblegado.

Aun no te he encontrado, espejo de mi alma, ser de mi ser,
equivocándome de a poco,
perdiendo el corazón adivinándote.

Sigo en mi búsqueda incesante,
encadenada al deseo de encontrarte perdido en el mundo,
igual que yo, mi otra parte.

Esta soledad tan mía

Esta soledad tan mía, a mi lado caminando,
junto a mí suspirando,
hiriente como lenta sodomía.

Esta soledad tan mía,
siguiéndome como una sombra, oscura, inquebrantable y
celosa, viajando a mi lado silenciosa.

Fiel, como el amante que soñé, como el esposo que espere en
esta triste y cansada quimera,
perpetuando en mi corazón el vacío.

Esta soledad tan mía,
llenando de invierno mi vida, cuando yo esperé la primavera;
el dulce beso que anhele, con ella se hizo poesía.

Esta soledad tan mía,
le he rogado que se vaya;
riendo me condenó
a la ausencia de compañía.

Hermano

Con el corazón hérido, hermano deposité en tu frente un beso
de despedida,
simbólico si quieres,
un beso de amor, un beso humano.

El ídolo cayó desplomado a mis pies, el símbolo de idolatría y
perfección,
cristalino y frágil, a los deseos de la carne cedió.

No mediste el daño que tu traición causó, inmerso en tu
egoísmo, en el fuego de tu pasión,
olvidaste a la mujer que la vida te dió.

Prometiste ser padre, esposo y hermano, en tu inmaculada
proeza
olvidaste la promesa con cruel indiferencia, aunque no lo
admitiste, la sangre lo grito.

Te sentiste con derecho de cobrar al hermano
los favores que de tu mano recibió
cuando los necesitó, sin medir el daño demostraste que la
flaqueza es el símbolo de tu indiferencia.

A tus ojos ciegos no cabe la verdad caíste dócil, como ciervo a
los deseos ajenos y en el hecho
ni tú mismo te supiste respetar.

No puedo juzgarte, hermano,
cada cual es culpable
de su muerte,
cuando al dolor ajeno se es indiferente

Soledad

Bendita soledad, indeseada pero a la vez tan esperada
que haces del silencio tu morada.

Riendo en espera del reencuentro
con mi vida de ti prisionera,
temiéndote pero esperándote al mismo tiempo.

Huyendo de ti, besos falsos recibí,
los brazos que me rodearón
A los tuyos me regresaron.

Todos ellos no lograron sino tirarme
de rodillas rendida a ti,
SI esta es mi suerte, acompáñame hasta la muerte.
Corriendo en loca carrera, mil engaños recibí, ciega no
entendí que te llevo atada a mi.

Voy a hacer de ti mi compañera, has estado conmigo desde el
nacimiento, tómame entonces hasta morir.

Lloraba El Niño

Lloraba el niño, lloraba cuando a su madre necesitaba, lloraba
el niño, lloraba con un incienso encendido.

Lloraba el niño, lloraba, tras una celda sus sueños guardaba, a
su padre en ellos buscaba, lloraba el niño porque en ellos
su padre lo rechazaba.

Lloraba el niño, lloraba, mientras triste su llanto vertía, en
canicas sus lágrimas convertían sus sueños con su llanto
morían.

Madre

En tu mirada lánguida se mecen los sueños que han dejado su
marca en tu alma, en tu paso lento duermen los años,
desde tu feliz niñez hasta tu matrimonio largo.

Tu invierno ha avanzando con suficiente fuerza en tus manos
para seguir dando, sembrando flores con tus dedos lentos,
tejiendo historias con tus manos hábiles.

Tu franca sonrisa, tu inocencia de niña,
la vida que has vivido agradecida han sido el lucero que
alumbra mi sendero,
ni la misma calamidad te ha vencido.

En la palma de tu mano puedo leer mi destino, en tu frente,
siempre en alto, buscar mi camino,
de tu vida, casi libre de pecado, madrecita Inmaculada,
aprendí el ejemplo
de lo que era bueno y malo.

Tristeza ví en tus ojos,
en llanto tu alma descargabas
las penas que uno u otro te causaba, tu brazo protector a
todos alcanzaba.

Aprendí a luchar porque en mí la fuerza sembraste,
si caí siempre me levantaste, con mano firme también me
castigaste.

Hincada frente a Dios por los tuyos oraste,
con rosario en mano lloraste; de tus lágrimas tejí mi
vestimenta,
de tu dolor saque la fuerza,
de tu apellido el orgullo,
de tu valor forje mi destino.

Si yo pudiera confundir el tiempo,
te regalaría mil vidas, madre
disfrutarlas todas a tu lado, cobijada siempre en tu dulce
regazo,
que mis penas ha consolado.

Mujer llena de gracia, que robo a la luna
el manto gris para adornar su cabeza,
me gusta contemplarte: duermes, me duele comprenderte:
sufres.

Semilla de vida

Tengo en mis cuerdas vocales
el soneto,
en mi cintura el verso,
en mi vientre el universo.

Soy mujer; de mis latidos
la vida se desprende;
semilla que graciosa
se abre camino,
corriendo en busca del milagro.

Soñar

Tuve un sueño, robado de la nada,
en este sueño de columna invertebrada
nada lo sostenía, quizá un poco tu mirada.

Pero te fuiste al final, triste realidad solo mía,
conocida y maldecida,
en el fondo sé, no la tengo merecida.

Si pecado es soñar, he hecho de mis sueños un infierno
purgando mis pecados, pagando mi osadía,
al final mis sueños se ríen de mí.

Algo se sacrifica con un sueño,
soñar es mi memoria más gastada,
soñar con el amor aunque en él no valga nada.

Soñar para no reprimir el pensamiento,
el alma crece consciente de que es solo un momento
robado a la vida por misericordia.

Vida

Vida, viviendo en mí apegada,
pese a que la muerte en mis desvelos
me obligaba a mirarla frente a frente,
mientras luchaba por arrancarme la piel
de sus caricias impregnada.

Borracha de amor corría a buscarte,
hundida en mi penar no te encontraba;
hasta que te plantaste frente a mí dignamente
y tocaste con tu trompeta al infiel la retirada.

Vida, fiel junto a mí mientras moría
sintiéndome en mi lecho de ti despojada,
agradezco a Dios que tu bendita fuente me bañara,
caí rendida como doncella a su eterno amante.

Búscame tú

Búscame tú,
mis brazos y alma
se rendirán a la tuya,
si me encuentras.

Si me descubres
en silente espera,
enamórate de mí,
yo de tus fantasmas me he enamorado.

Ya no me veo en otro lado,
sino aquí donde mi búsqueda inútil
me ha dejado,
con mis brazos de ti despojados.

Búscame tú, yo te he fallado,
no te he encontrado,
siguiéndote en el tiempo,
tu rostro no he adivinado.

Al soñarte igual a mí
me he equivocado,
si me encuentras, abrázate de mi,
yo ya te he soltado.

Los aromas de mi cuerpo

Mi cuerpo no huele a primavera,
huele a hoja seca de otoño
de mis labios sale miel,
a veces besos apasionados.

Cuando mi cuerpo de pasión se viste
Y mi boca como manantial
desprende su intenso aroma.

Huele a invierno,
a rincón olvidado,
a vino de uva
en barricas añejado.

Huele a jardín de rosas
en las mañanas de alegría,
fresca y radiante
como oruga convertida en mariposa.

Huele a viento, aire fresco,
tranquilo, paciente.
a campo de flores multicolores
a besos de mis amores
que en él han dejado huella.

Virgen

Hay una virgen pintada en tus ojos,
mujer que en tu rebozo abrazas la historia
y en tu léxico indígena conservas el tiempo
del cruel movimiento que violento
invadió tu morada, despojo tu tierra.

Ciudad nostálgica, dormida
en la palma de tus manos,
que meces ansiosa
en tus brazos cansados
y arrastras en tus pies descalzos.

Una imagen labrada en ti
con eternidad inquieta
se yergue imponente como la noria.

Hay una virgen en cada mujer morena
Y una más en la blanca criolla.

Una virgen en los ojos oscuros de mi madre,
en la piel morena de la tuya,
una más en tu corazón de mexicano,
que en su marcha cuenta su historia.

En el despertar violento
de tus calles manchadas de sangre,
sufres la impunidad
no hay guarida para el hambre.

Ni la virgen, ni Hidalgo con su estandarte
lograron la justicia regalarte,
los héroes por sus ideales caídos
tampoco cambiaron tu destino.

Hay una virgen que prepara su cuna
en mi vientre, en el tuyo, mexicana bravía,
llorando se mira en mí y en ti indígena
de su patria despojada, en injusticia atrapada.

Poeta

Poeta que en tu alma
Dios puso la magia
de entender al ser humano
y describirlo con nostalgia.

En tus letras me hundí,
desde el día en que te leí,
quise robar la magia
que en tus libros descubrí.

Admirado,
sin tu haberlo sospechado,
tocaste mi alma
inspirándola a escribir.

Voy corriendo tras de ti,
con tu pasión en mi luminiscencia,
queriendo alcanzar la esencia
que te tocó a ti.

Vivo estás y así seguirás
porque en la memoria
de los hombres "Gabo"
te ganaste la eternidad.

A mi hijo

Si pudiera decirte cuánto te amo, hijo mío.
como se ama al silencio, a la vida,
podría sembrar en tu corazón el fuego
que nace de mi tristeza.

Pero no puedo lograr tal proeza,
pues te amo más que al vacío
que me deja tu desvarío,
que al tiempo alimenta mi fuerza.

Te amo con mi ser, con mi corazón de mujer
que a ti se rinde completo,
en ti desde niño el respeto he puesto,
la bondad y la fe sembré.

Hermosa esperanza que en mi vientre anidaste
el fulgor de tu risa, la calma de un sueño,
el clamor de una madre nacía contigo.

Con fe infinita orando te sigo,
Como si aún te arrullara en mis brazos.

Maribel González

Ángel caído

Cayó el Ángel del cielo,
ansioso de ser hombre,
renunció al reino de Dios.

Helie lo llamó Dios,
Helie para la mujer
que en su tierna adolescencia
en su vientre lo acogió.

En su caída sus alas quebró,
pronto su sangre corrió.
inconsciente pero valiente
por su vida meses peleó.

Día tras día frente a un crucifijo
una madre hincada implora;
la angustia en su pecho estalla
en lágrimas de dolor.

-"Si mi ángel se doblega,
llévate también mi vida,
que sin ella, no la quiero yo"-
Suplica la madre desfalleciente,
en su agonía también siente la muerte.

Sin importar su vida
cambiarla por la de su ángel pedía,
en momentos parecía,
que el divino Ángel se rendía.

Desde el cielo Dios observa
una madre hincada
con fe y esperanza consagrada,
por su ángel suplicar.

El mismo cielo se cimbró
cuando al unísono el Cristo lloró
por la madre que imploraba
y el ángel que a la vida se aferraba.

Una gota de sangre bendita
sobre el ángel derramó,
con este precioso gesto
la vida le otorgó;
a la muerte el ángel venció.

No te pido nada

Nada te pido Señor
que no me haya sido dado.
En las sombras de mi vida
te pedí la luz;
me regalaste las estrellas,
misteriosas, como tú,
te vi reflejado en ellas.

Señor, te pedí un camino,
con mis anhelos construí mi destino,
guiada siempre de tus manos,
arquitecto de mi vida has sido.

Te rogué un motivo,
-¡Ingenua!-
ignorando que lo tenía,
desengaños recibí.

Te pedí señor,
te pedí lo que tenía.
En mi soberbia
No entendí que al ser tu hija,
al nacer me regalaste
todo lo que requería.

www.ingramcontent.com/pod-product-compliance
Lightning Source LLC
Chambersburg PA
CBHW031312060726
47590CB00003B/1169